Ein Wörterbuch für Theaterfreunde

Opernstoff, Findung desselben:

Theater

Ein Wörterbuch für Künstler, Kulissen-
schieber und andere Subventions-
empfänger, sowie das p.p. zahlende
Publikum von

M. Funcke

Mit Zeichnungen von Manfred Limmroth

TOMUS VERLAG · MÜNCHEN

Aasen

NICHTS-
WÜRDIGES,
PROVINZIELL
VERSPIESSERTES
SCHEISS-SCHMIEREN-
STAATSTHEATER
!!!

A

A-abbaduh	Typische Operettentenor-Unsitte der Wortverschleifung. Gemeint ist: „Aber du (in deinem Himmelbett usw.) weißt nichts davon.“
Aasen	Das gemeine Aas aast. Die Äser aasen. Auch: kochen ab, bürsten ab. Abgang vor Auftritt. Spezialität frisch engagierter neudeutscher Intendanten, die noch vor Beginn ihrer Tätigkeit und der Spielzeit mit dem städtischen Kulturausschuß einen Streit in der Öffentlichkeit inszenieren, der in solchen Provokationen und Beleidigungen gipfelt, daß sie mit einer Superabfindung zurücktreten können, um einen noch weitaus höher dotierten Intendantenposten in K. am Rhein zu übernehmen, welchen sie schon längst ausgehandelt hatten.
Abendgarderobe	Wenn im festlichen Theatersaal die Lichter verlöschen, erheben sich aus tausend wunderbaren Dekolletés sowie tausend superb gestylten Rückenausschnitten tausend verschiedene Parfümdüfte, die sich mit tausend verschiedenen herrlichen Deodorants auf ganz zauberhafte Weise vermischen und vereinen – betörend wie betäubend. Wer da, während der Ouvertüre, plötzlich erwacht, wähnt sich mit einem Schlag in der Abendtoilette. Und das ist er ja auch.
Abendgemurmel	In Schillers „Wilhelm Tell“ vorkommend: Das Volksgemurmel aufständischer Bauern, dargestellt hinter der Bühne durch das ständige Wiederholen des Wortes „Rhabarber, Rhabarber, Rhaba . . .“
Abendkasse	Ort der Hoffnung für traurige Mütter, die beide Premierenkarten, nachdem weder Mann, Tochter, Söhne, Opa und Tante Lisbeth mit in die zwölftonale moderne Oper wollten, mit Auf-

Abonnent

FRAU JUTTA ODELMANN, SIEHE UNTEN, KONNTE SICH VOR DREISSIG JAHREN NOCH EIN ABONNE= MENT IN REIHE 4, PLATZ 10, PARKETT MITTE, LEISTEN. OMAS ENKEL, ENNO PUFÜRST (LINKS), KANN SICH, INFOLGE DER PREISEXPLOSION, GERADE NOCH AUF EINEM STEHPLATZ (DRITTER RANG MITTE) HALTEN. SO GRAUSAM KURZ WIRD DIE BEMITLEIDENSWERTE JUGEND VON HEUTE GEHALTEN. EINE SCHANDE!

preis an auswärtige durchgefrorene blinde theaterwütige Kulturfans aus der Provinz verscheuern zu können. Eventuell auch zum normalen Preis. Oder wenigstens für fünfzig Prozent unter Wert. Oder wenigstens für fünf Mark das Stück. Oder für beide Karten. Oder geschenkt, verdammt nochmal.

Abendregisseur Das ist der arme Hund, der die aus den Staaten eingeflogene Star-Sopranistin einfangen und sie unsichtbar (deshalb die besonders weiten Röcke von Gastsängerinnen) durch die ihr gänzlich unbekannte Inszenierung dirigieren muß, damit sie nicht über Bühnenpodeste und Treppen stolpert, damit sie keine Türen in der Dekoration aufreißt, die nicht zum Aufreißen eingerichtet sind, damit sie das Schwert nur bis zur weißen Markierung in ihren Partner einführt, damit sie kein Telefon auf der Bühne abnimmt, bevor es hinter der Bühne geklingelt hat, und damit sie keinen Brief an der Rampe vorliest, bevor er gebracht ward.

Abonnent Der Sklave im Besitz des Theaterbüros. Ohne jegliches bürgerliches Ehren- und Stimmrecht. Er muß viermal „Das Land des Lächelns“ ertragen und dreimal Webers „Schreifritz“ absitzen, bevor er endlich die inzwischen sieben Jahre alte Neueinstudierung von „Aida“ anschauen darf.

Abstecher Bespielen kleiner Orte durch das Staatstheater-Ensemble. Ehrgeiz: die 3-Std.-Hamlet-Inszenierung in der halben Zeit abzureißen. Abstecher: Abstechen eines Theaterstücks.

Adam Der erste Mensch, der die Oper „Der Postillon von Lonjumeau“ geschrieben hat.

Adelsprivileg Noch zu Molieres Zeiten durfte sich der Adel während der Vorstellung auf der Theaterbühne breitmachen. Schrieb der Schauspieler Pisello Domenico Antonello an seine Mutter in

1. Akt. „Ein prachtvoller Einstieg. Aber was bleibt uns da im zweiten und dritten Akt noch zu sagen, Herr Regisseur?“

Venezien: „Da frißt das Adelspack seine Putenkeulen und Spanferkel auf der Bühne, wirft die Knochen auf die Bretter, füttert seine fetten Köter, säuft, rülpst und furzt wie närrisch vor Erbauung. Und derweil unsereins das edle Stück von Shakespeare zu geben versucht, grapschen einem die sogenannten Damen nach den Hosen und rupfen daran herum, und so das gemeine Volk im Parterre schamlos lacht und sich vor Vergnügen herumwälzt, schieben uns die Adelsgeschlechtlichen beiseite und wollen unseren Beifall für sich entgegennehmen."

Agent

Vermittelt angeblich Schauspieler in vakante Engagements. Der Ruf „Der Agent ist im Haus" setzt Theatermitglieder in den gleichen Zustand wie einen Hühnerhof, dem der Fuchs angekündigt wird. Die Hysterie wird gesteigert durch den Ruf „Der Agent ist in der Vorstellung."
Es ist 74mal wahrscheinlicher, vom Blitz getroffen zu werden, als einen Treff mit einem Agenten zu bekommen. Er kunkelt unsichtbar hinter den Türen der Intendanz. Und ist schon wieder weg, bevor er gekommen ist. Das tolle Engagement nach O. an der Nisse bekommt sowieso ein ganz anderer.

Akt

In der bildenden Kunst: rührende, aber in der Regel völlig aussichtslose Versuche von Kunststudenten, Modell sitzende nackte Menschen auf der Zeichnung zum Sitzen zu bringen, Stehende zum Stehen, Liegende zum usw.
Auf dem Theater bedeutet der Akt: Handlung, Tun. Ein Akt, in dem nicht gehandelt wird, ist eine Pause. Die Pause liegt zwischen zwei Akten und dient der Erfrischung. Bei Staatsakten wird ein Lorbeerbaum aufgestellt und Bruckner gespielt. Dramatiker Schiller zu seiner Zugehfrau Dörte: „Akte soviel du willst, aber keine Szenen!" Es gibt keine Akte ohne Szenen. Aber umgekehrt.

Bajuwarisch:
„Jamei, gibt es denn in dieser Spielzeit nicht eine einzige Inszenierung, in der mir zwengst in langen Unterhosen spüln derfen?“

Autor, ausländischer Muß schon unbedingt das Stück eines lebenden Autors gespielt werden, wählt der kluge Intendant einen fremdsprachigen Ausländer. Der ist nämlich erstens weit vom Schuß und versteht zweitens die deutsche Sprache nicht. Sollte er dennoch die Kühnheit besitzen, anzureisen und sich „sein" Stück ansehen zu wollen, so verweist man bei allem, was ihm unverständlich oder verändert erscheint, auf die sogenannten „Sprachbarrieren".

B

Bajazzo Oper von Leoncavallo. Nachdem Bajazzo stundenlang herumgeknödelt hat, daß das Spiel nun beginnen könne, jammert er weiter: „Lache Bajazzo, Bajazzo lache, haha und hihi" usw. Dann ersticht er seine nette Gattin und erklärt den Zuschauern: „Geht ruhig heim, das Spiel ist aus!" Das ist eine Irreführung, denn da es sich um eine Kurzoper handelt, wird auf deutschen Bühnen hinterher „Cavalleria rusticana" gegeben. Berühmt das Trinklied (es singt der amerikanische Gasttenor E.O.): „Choimd dä sieße Woin in Bäkker, wuingt där liebä price däm Zächä."

Bajuwarisch Der Begriff für avantgardistische Theater auf Bayerischen Staatsbühnen: siehe Schautafel links.

Balkon Der Ort im Theater, von dem aus die Kameliendame durch Aus- oder Nichtauslegen der Kamelienblüte ihrer werten Kundschaft bekanntgab, ob ihre Lokalitäten nach der Vorstellung begehbar wären oder nicht oder wie auch immer.

Bauerntheater Eine Strafe Gottes für alle Fernsehzuschauer. Völlig überflüssig: wir brauchen ja auch keine extra Bauern-Lexika, Bauernstrumpfhosen, Bauern-Zahnpasta und Bauernfußballweltmeisterschaften. Bosheit unter Schauspielern: „Dann geh doch zum Bauerntheater!“ – Von wegen, da passen der Gustl Baierhammerl und die Heidi Kabel schon gut auf, daß ihnen keiner ins Geschäft trampelt.

Bearbeitung

„Als Goethe endlich in Malcesine am sonnigen Gardasee angekommen war, nahm er zum erstenmal seine Iphigenie heraus und bearbeitete sie die kreuz und die quer.“ (Aus dem Aufsatz von Petra Daddelmann, Klasse 8a.) Durch die Bearbeitung eines Stückes ersteht es in neuer Bedeutung, wird manchmal erst klar, was der Dichter gemeint hat. (Siehe auch Tafel links.) In Arthur Schnitzlers REIGEN geht es folgendermaßen zu. Das erste Paar ist eine Dirne und der Soldat. Hiernach der Soldat und ein Stubenmädchen. Hiernach dieses Stubenmädchen und ein junger Herr. Hiernach dieser junge Herr und eine junge Frau. Hiernach diese junge Frau und ihr Ehemann. Hiernach dieser junge Ehemann und ein süßes Mädel. Hiernach dieses süße Mädel und ein Dichter. Hiernach dieser Dichter und eine Schauspielerin. Hiernach diese Schauspielerin und ein Graf. Hiernach dieser Graf und jene Dirne. Nähme man nun zwei Schauspielerinnen und statt des Grafen einen Baron oder statt dessen Helmut Kohl, könnte der Reigen einen ganz anderen Verlauf – wenn nicht gar eine besondere politische Note empfangen. Und obendrein wäre noch das süße Mädel übrig. Oder wie oder was?

B-Dur

Qualitätsbezeichnung für Musik. Wie bei Eiern: Klasse A, Klasse B usw. Musik in Klasse A (A-Dur) ist also die beste, qualitativ. Musik in Klasse F(-Dur) ist eigentlich gar nicht mehr guten Gewissens zu verwenden.

Begabung

Beispiel: Berthold Brecht und August Everding.
Alfred Kerr macht in der Begabung einen Unterschied. Den Begabten hält er für „bestrahlt“, den anderen nur für „betropft“.

Bearbeitung, dramatische

Burgschauspieler

Buffet	Eine Art gehobene Würstchenbude, die während der Theaterpausen in den Gängen aufgebaut wird. Im Gegensatz zur normalen Würstchenbude an der Straßenecke herrscht jedoch am Theaterbuffet ein Gedränge wie 1946 an den Bäckerläden; hier bedeuten alter Adel, akademische Titel und Aufsichtsratsposten nichts mehr, denn hier zählt allein rohe Gewalt. Wem es gelungen ist, bis zur Verkaufstheke durchzudringen, muß damit rechnen, daß Frack oder Abendkleid reif für den Trödelmarkt sind. (Vermutlich deswegen haben sich Jeans und Sweatshirts in den letzten Jahren als so praktische Theaterbekleidung durchgesetzt.) Wem es dann endlich gelungen ist, die Zuwendung der verschwitzten Verkäuferin auf sich zu ziehen, kann für horrende Preise gut handwarmen süßen Sekt und zähe Sandwiches erwerben, – erst am Theaterbuffet habe ich verstanden, was ein Sandwich mit Sand zu tun hat. Auch die hohen Preise wirken irgendwo verständlich: Schließlich muß ein Theaterbuffet in 10 Minuten den gleichen Gewinn erzielen wie eine Würstchenbude in 10 Stunden.
Burgschauspieler	Aus bisher unerforschten Gründen gilt ein Engagement an der „Burg“ in Wien als der Gipfel des Erfolges jeden Schauspielers, insbesondere, weil er dort der deutschen Sprache mächtig sein muß, was niemand ganz versteht, der dort heimischen Mimen lauscht. So soll einmal einer von den Hörbigerbrüdern gesagt haben: „Was, ka Öhstreicher, ka Jud’ und net amal schwul, wie will denn der bei uns etwas werden?“

C

Cacafonia	Der Mißklang. Heute unter „Rockmusik“ bekannt.
Caca stecci	Keine Tempibezeichnung in der Musik, sondern ital. Begriff für den Theaterchorleiter: Klugscheißer. Er ist der wichtigste

Mann im Theater. Glaubt er. Das gleiche glaubt der Orchestersprecher, der Oberspielleiter usw.

Callifugo

Lange Zeit für eine Tempo-Angabe im Bach'schen Fugenwerk gehalten. Wurde erst kürzlich aus dem Italienischen übersetzt und bedeutet: „Hühneraugenpflaster“.

Carmen-Chor

Der ärgste Kampf des Opernregisseurs ist der mit dem Chor. Er ist am wenigsten zu irgendetwas zu bewegen. Am wenigsten zu Bewegungen, die eine Regieabsicht des Regisseurs andeuten könnten. Hingegen weiß man von der hohen Intelligenz des Elefanten und seinen überragenden Dressurfähigkeiten. Berühmt, in diesem Zusammenhang, wurde die Darmstädter Carmen-Inszenierung, wie sie unsere nebenstehende Schautafel zeigt.

Chaosproduktion

Irgendwann in den letzten Tagen vor der Premiere wird jede Theaterproduktion so genannt, einige allerdings auch schon am ersten Probentag. Die Gründe hierfür liegen ganz einfach im Naturell der Theaterleute, die zu neunzig Prozent Chaoten sind. Denn jemand, der nicht völlig verrückt ist, wird niemals verrückt genug sein, zum Theater zu gehen.

Chargenspieler

Den guten Chargenspieler gibt es sozusagen gar nicht. Ist er nämlich wirklich gut, spielt er nicht die Charge, sondern die Hauptrolle. Und ist er nicht gut, dann ist er nicht einmal eine gute Charge. In jedem Fall aber ist jeder Chargenspieler fest davon überzeugt, daß zum Beispiel diese „Knattercharge“, die da den Faust spielt, in dieser Rolle gar niemals so gut sein könnte, wie er selbst es gewesen wäre, wenn er die Rolle gespielt hätte.

Claque

In Verbindung mit dem Wort „Chapot“ ein spezieller Hut, der heute nur noch auf dem Theater getragen wird und durch

Carmen-Chor:
Die feurigen Zigaretten-Arbeiterinnen, dargestellt durch die Elefantengruppe „Jonny Neumeier“. Der Chor selbst singt hinter der Bühne. Ein weiterer Einsatz der Gruppe bei den Bayreuther Festspielen ist im Gespräch.

seine augenfällige Wirkung selbst aus dem Glöckner von Notre Dame noch einen eleganten Herren machen würde. Will ein Schauspieler mit Hilfe dieses Gerätes auch privat als eleganter Herr wirken, muß er dafür viel Geld investieren. Gleiches gilt für die Claque ohne „Chapot". Auch dafür muß er viel Geld und viele Freikarten hinblättern, um seine Claque bei Laune zu halten. Bezahlt er zu wenig oder weniger als sein Bühnenpartner, applaudiert die Claque entweder zu leise oder gar nicht oder nur bei Auftritten dieses Kollegen.

Conferencier — Bühnentechnisches Hilfsmittel für Autoren, deren Texte nicht allgemein verständlich sind, oder für Regisseure, die Besetzungsprobleme haben. Dann erläutert ein Conferencier dem Publikum vor der jeweiligen Szene, welchen tieferen Sinn der Autor in diesem bestimmten Stück angeblich gesehen haben will, oder daß die flotte Endvierzigerin, welche nun die Bühne betritt, eine jugendliche Naive auf dem Weg zu ihrem ersten Rendezvous sein soll.

D

Darsteller — Menschen, die permanent wie verzweifelt der Versuchung unterliegen, etwas darzustellen, das sie nicht sind: schön, liebenswert zumindest, natürlich, intelligent.
Berufsbezeichnung: Moderatorinnen. Wiewohl sie mäßigen (moderieren) sollen, übertreiben sie in ihrer Unfähigkeit, wenigstens sich selber darzustellen, maßlos. Ein Wunder, woher das Fernsehen nur immer wieder soviel hundertprozentigen Nachwuchs bekommt.

Deck und Bell — Dies ist nicht etwa das Kommando eines Hundezüchters an seinen Zuchtrüden, sondern die Dekorations- und Beleuchtungsprobe, – bei welcher sich allerdings Regisseur,

Darsteller, privat

Denkmalpflege: Star-Gala im Jahr 2115. In der Reihenfolge des Auftretens: Stehend Freddy Quinn, 90; Franz-Josef Strauß und Inge Meisel (mit neuem Gebiß), je 104 Jahre. Im Bett: Harald Juhnke, 80; Peter Kraus, 81; Friedl Hensch und die Cypris, zusammen 500; Heino und Peter Maffay, je 99; Udo Lindenzwerg, 88. Hereingetragen werden gerade die Kessler-Zwillinge, zusammen 170 Jahre.
Und Hanni van Heyden, 74, wieder zauberhaft als Vierzehnjährige frisiert, die in einer Kurzansage den Inhalt des Alten Testaments zum besten geben wird.

Beleuchter und Bühnenbildner meist heftig anbellen. (Gelegentlich decken sie sich auch gegenseitig, das aber mehr hinter der Bühne.)

De gustibus non est disputandum

Über Geschmack läßt sich nicht streiten.
Die faulste Ausrede für die immer schwachsinnigeren Unterhaltungssendungen des Fernsehens, in denen selbst gute Schauspieler sich protestlos verheizen lassen.

Denkmalspflege

Früher gaben Sänger und Schauspieler ungeniert die unwiderruflich allerletzte Abschiedsvorstellung – hundert oder hundertfünfzig Mal, bekamen dann irgendwann auch ein Denkmal gesetzt. Heute müssen sie bis zum Umfallen schuften, weil das Fernsehen auch künftig nicht mit irgendwelchen unbekannten fremden neuen Leuten ein Risiko eingehen will.

Dichter, lebende

Regisseure können deren Theaterstücke ohne Gefahr von Geld- oder Gefängnisstrafen zur Bewältigung von Profilierungsneurosen in Grund und Boden inszenieren. Lebende dramatische Dichter vergehen vor Dankbarkeit, überhaupt aufgeführt zu werden. Schauspieler schätzen lebende Dichter überhaupt nicht, weil die Theaterrollen zu klein und mager und anstrengend sind. Bekannter Charakterdarsteller: „Verstehe überhaupt nicht, wie Dichter unter den größten Entbehrungen jahrelang Stücke schreiben, wo es solche doch schon als Reklamhefte für DM 1,65 zu kaufen gibt."

Dichter, tote

Regisseure können deren Theaterstücke ohne Gefahr von Geld- oder Gefängnisstrafen zur Bewältigung von Profilierungsneurosen in Grund und Boden inszenieren.

Dichterfürst

Goethe. Schrieb mit 22 in sechs Wochen den „Götz von Berlichingen mit der eisernen Hand". War so unbekannt, daß

Dichterfürst:
Schmuckblatt zum Heraustrennen und Wegwerfen.
„So wie Goethe von Schiller, ging auch Schiller nie von Goethe, ohne etwas Wertvolles mitgenommen zu haben.“
Doralis Hüttenrauch, 12 J.,
Gymnasium Hamburg-Oberalster

nicht mal sein Name auf dem Theaterzettel genannt wurde. Friedrich der Große über den „Götz" nach der Berliner Aufführung: „Eine abscheuliche Nachahmung dieser schlechten Stücke von Shakespeare. Das Publikum klatschte und verlangte begeistert die Wiederholung der geschmacklosen Plattheiten."

Diskussion

Eines der wichtigsten Schlagworte des modernen Theaters. Ihr verdanken wir die heute üblichen Probezeiten von sechs bis neun Monaten, weil nämlich jeder Satz des zu probenden Stückes mindestens einen Tag lang durchdiskutiert werden muß und erst dann ad acta gelegt wird, wenn auch das Theatergespenst und die Bühnenfledermäuse ihren Senf dazu beigetragen haben. Nur ganz selten gelingt es dem Regisseur, die Diskussion abzukürzen, indem er ein Machtwort spricht, – entweder ein richtiges, oder er sagt: „Macht doch, was Ihr wollt!" –, womit er keineswegs Shakespeare meint.

Diva

Hat nichts mit „Diwan" zu tun, auch wenn die meisten Leute glauben, der Diwan sei das Sprungbrett für die Diva.

Doppelrolle

War ursprünglich eine Erfindung, um einem besonders begabten Schauspieler die Möglichkeit zu geben, im gleichen Stück länger auf der Bühne zu stehen und damit das Publikum zu begeistern, wurde dann später eifrig von den Theaterverwaltern aufgegriffen, um Honorare zu sparen.

Doppelvorstellung

Ein Schauspieler, der nachmittags in drei Märchenvorstellungen spielt und abends eine Hauptdarstellung gibt, verdient damit keineswegs ein doppeltes Honorar, sondern lediglich ein Prozent seiner Monatsgage extra.

Dramatische Situation

Laut Schiller gibt es deren 35. Grundregel: Der Held ist ein dämlicher Gefühlsdussel, der mit offenen Augen in jeden Mist

latscht. Er wird vom Publikum geliebt, weil es sich mit seiner Dämlichkeit identifizieren kann. In jedem Abschnitt eines Stückes weiß das Publikum mehr als der Held. Lustgewinn des Zuschauers im Hinblick auf den Helden: Was der wohl gleich wieder Blödsinniges tun wird.
Beispiel aus Müllers Dramaturgie:
Ein Pastor grüßt aus dem Fenster die unten vorbeiziehende Gemeinde – und weiß nicht, was das Publikum weiß: daß er im Fenster eines Puffs hängt.

Dramaturgie

Etatstelle im Theater. Der Dramaturg wird in dramatischen Situationen interner Art vom Intendanten zum Auffangen von Prügel vorgeschickt. Die Theaterdramen sucht der Intendant selbst aus. Zum Trost darf der Dramaturg die Programmhefte redigieren und eigene Fußnoten, Traktate, Sonette und andere Tiefgründigkeiten schreiben, die niemand liest.

Dreispartenhaus

Theater, in welchem Oper, Operette und Schauspiel abwechselnd gespielt werden. Auch an diesen Häusern wird das meiste Geld für die Technik ausgegeben; an zweiter Stelle steht die Verwaltung; erst unter ferner liefen erfolgen dann die Ausgaben für die Künstler.

Duse

Duse, Eleonora, vermutlich die größte Schauspielerin ihrer Zeit. Fast jede ihrer späteren Kolleginnen hält sich für eine zweite Duse; je fester sie das glaubt, desto weiter ist sie davon entfernt.

Dusel

Inge Meysel sollte als beste *Volks*schauspielerin der Bundesrepublik ausgezeichnet werden.
Bescheidenheit ist eine Zier, Frau Meysel sagte zu den Juroren: „Wenn ihr VOLKS streicht, nehme ich den Preis an.“ – Die Juroren strichen nicht. Haben wir einen Dusel. Der Preis wurde nicht vergeben.

Dramatische Situation:
„Das wird noch Jahre dauern, bis sie uns endlich diese tollen Horrorfilme im Fernsehen zeigen."

Ehedrama, sich anbahnendes:
„Aha, wir haben jetzt also
einen Wäschepuff."

E

Ehedrama

Beim Publikum besonders beliebte Schauspielform. Man darf sozusagen an einem Verkehrsunfall aus allernächster Nähe teilnehmen, das Blut fließen sehen und Gemeinheiten hören, auf die man beim eigenen Ehedrama gar nie gekommen wäre.

Einspringer

Der Einspringer springt mit dem Kopf voran ins kalte Wasser, respektive mit dem Textbuch in der Hand in die Rolle des erkrankten oder ausgefallenen Darstellers. Dieser Sprung kann einen positiven und einen negativen Effekt haben: Ganz selten einmal wird so ein großes Talent entdeckt, viel öfter jedoch sind die Zuschauer enttäuscht; denn schließlich sind sie gekommen, um den „großen W." zu sehen.
Meist spielt der Einspringer die Rolle viel besser als der ursprüngliche Schauspieler. Springt er aber dann ein zweitesmal ein, spielt er meistens beschissen, schon allein deshalb, weil unten im Parkett lauter Leute hocken, die gehört haben, wie gut er sei.

Einspringprobe

Sie steht dem Einspringer zu, und sämtliche Darsteller des Stückes sollten dabei anwesend sein. Ist zumindest der direkte Bühnenpartner des Einspringers da, muß dieser sich schon glücklich preisen; alle anderen Rollen spielen Regisseur und Regieassistent.
Übrigens, der Einspringer ist grundsätzlich an allem schuld, was dann schiefläuft, zumindest in den Augen der Regie.

Emanzipationsdrama

Stille in der Emanzipationsszene. Kein Geschrei: „Männer verpißt euch, niemand vermißt euch." „Lieber mit Emma Keks unterwegs, als mit Gatte Klaus zuhaus." „Mann und Frau passen nicht zusammen." – Nach wie vor ist die Ehe Hauptgrund aller Scheidungen. In der Bundesrepublik wird ein leichtes Ansteigen ungeklärter Vergiftungsfälle an männlichen Ehegatten beobachtet. Der Untergrund ist nicht tot. Auch die mysteriösen Abstürze von Herren in alpinen Regionen mehren sich. Der weibliche Gründgens des deutschen Theaters, Heidi Kabel, bereitet eine Antwort auf offene Fragen vor.

Ensemble

Dieser Ausdruck kommt aus dem französischen und bedeutet ungefähr so etwas wie eine „Gemeinschaft". Alle Schauspieler, die an einem Theater wirken, nennt man ein „Ensemble", was aber nicht heißen soll, daß sie irgend etwas von „gemeinschaftlich" an sich haben; vielmehr pflegen sie sich bis aufs Messer zu bekämpfen, wenn's um Rollen geht. Lediglich gegenüber der Intendanz zeigen sie sich, manchmal, ensemble.

Ex tempore

Bei den meisten Komödien die einzigen wirklich komischen Sätze, während der Vorstellung spontan entstanden und oft über Generationen weitervererbt. Das Musterbeispiel: Der Pistolenschuß hinter der Bühne hat sich schon gelöst, bevor der Mörder auf der Bühne die Pistole in der Hand hatte. Der Mörder gibt ersatzweise dem zu Ermordenden einen Stiefeltritt in den Po. Jaja, kennt jeder: Der Getretene bricht zusammen. Sein letzter Satz: „Ha! Ha, der Stiefel war vergiftet!" Extemporieren ist eine seltene Begabung. Wer sie besitzt, sollte sie auch ausnützen; leider nützen gerade die Schauspieler sie, welche diese Gabe nicht besitzen, – und so klingen die „ex tempores" dann auch.

Experimentierbühne

Hier kann jeder darstellen, was er für den neuesten genialen Einfall hält, auch wenn der schon vor Erfinden des Theaters, überhaupt seit Jahrhunderten bekannt war.

Expressionismus

Kunstrichtung, bei welcher der Künstler versucht wiederzugeben, was er gehört oder beobachtet hat, – es besteht also

Experimentierbühne:

„Ach, wie nett: ‚Berg der Emanzen' heißt das hier?"

eine reelle Chance für den Zuschauer, diese Wiedergabe gelegentlich passagenweise zu verstehen. Im Gegensatz dazu steht der Impressionismus; hier gibt der Künstler wieder, was er verstanden zu haben glaubt, und kleidet es in seine Ausdrucksform, wodurch es zwar völlig unverständlich, aber „tief nachempfunden“ und „ausgereift“ wirkt, allerdings nur auf Regisseure und Kritiker. Derjenige, der das Theater bezahlt, also der Zuschauer, kann ein expressionistisches Stück verstehen, zeitweise auch ein impressionistisches überstehen.

F

fanatisch Eines der wichtigen Merkmale eines guten Schauspielers. Leider retten sich weniger begabte Künstler gern in den Fanatismus und können so zumindest für die ersten zehn Minuten blenden. Dann aber merken sie, daß ihr Fanatismus sie nicht weiterbringt und wenden ihn anderen Dingen zu, zum Beispiel dem Saufen. Der wirklich gute Schauspieler beginnt aber trocken, um dann, von seinem Fanatismus hingerissen, genial zu werden.

Fidelio Wie der Name sagt, eine lustige (fidele) Oper von Beethoven, in der, im Gegensatz zur Annahme mancher Opernbesucher und deren Leidwesen, die Nußknacker-Suite nicht vorkommt, welche kürzlich im Bayerischen Rundfunk Aufsehen erregte. Übelwollende Kollegen versuchten der Radioansagerin einen Versprecher zu suggerieren, nämlich die besagte Suite als Nußknacker-Suite von Tschaikowsky anzukündigen. Die besorgten Eltern der jungen Radiosprecherin zitterten der Stunde entgegen, da die Tochter ihre Konzertansage zu machen hatte, die über sämtliche europäischen Sender gehen sollte. Dann endlich war es soweit: „Guten Abend, meine Damen und Herren, im Rahmen des europäischen Musikfestivals hören

Fidelio:
„Nun hab dich doch nicht: es ist irre großzügig, wenn uns der Boß Opernkarten schenkt und dazu obendrein den Firmenwagen leiht.“

sie zu Beginn unserer Übertragung die Nußknacker-Suite. Von Scheißkowsky."
Der Vater, Sachbearbeiter im Bayerischen Kultusministerium, soll auf Drängen von höchster Seite um vorzeitige Versetzung in den Ruhestand gebeten haben.

Flaschenzug

Aufzug der Schauspieler, die sich beim Intendanten beschweren wollen, worüber auch immer. Jedenfalls bleibt auf dem Weg zum Intendantenbüro in jeder Ecke eine Flasche zurück. Bis zum Vorzimmer bleibt meist nur noch eine Flasche übrig, die entweder hier endlich aufgibt oder doch so viel Zivilcourage besitzt, sich zu beschweren und für die anderen einzusetzen, was im übrigen letztlich nur dazu führt, daß die anderen trotzdem ihr Maul darüber zerreißen. Denn vor die Kollegialität hat der Gott der Schauspielkunst den Neid gesetzt.

Fliegende Holländer-Fans

„Bunt ist meine Lieblingsfarbe", sagte Walter Gropius, der Architekt. Solche Wischiwaschi-Philosophien gibt es unter Wagner-Fanatikern nicht. Neben der Ring-der-Nibelungen-Gruppe sind die Holländer-Fans die Verschworensten. Das verwünschte Schiff, das nie in den Hafen gelangen kann, seit undenklicher Zeit auf den Meeren von einer Irre in die andere segelt, dessen Mannschaft Briefe an Personen schickt, die längst nicht mehr leben, dessen Kapitän nur alle sieben Jahre einmal nach St. Pauli darf, um eine treue Frau zu finden, die er aus den Krallen des Teufels erlösen könnte, das ist auch die Sache der Wagner-Fans, die bis in den privatesten Bereich an der Lösung des Fluches arbeiten. „Johoho-hoe, Johoho, Huissa, schnätteretäng", wie der Wagnerianer sagt.

Frau Direktor

Fürs Publikum leicht zu erkennen: Sie bekommt alle die guten Rollen, für welche sie zu alt, zu häßlich, zu fett oder zu untalentiert ist.

Fliegende-Holländer-Fans:
„Damen und Herren, das Ehepaar Scheuermann, Mittwochsabonnement 1. Rang, sucht Partnertausch mit Freitagsabonnement, gleiche Preisgruppe.“

G

Gala-Vorstellung

Eine Vorstellung in Festtracht oder Hofkleidung. Auf diese kommt es an. Die Teilnehmer sind meist beschränkte Regional- und Lokalgrößen aus Wirtschaft und Verwaltung. Als Stück gibt man am besten dazu etwas von Goethe, der in seinen Aussagen immer sehr angenehm ist, weil für ihn das „Böse“ nicht das „Böse“, sondern nur die unvermeidliche Kehrseite des „Guten“ ist.

Garderobe

Die Theatergarderobe unterteilt sich in drei Typen: Die Stargarderobe, die Solo-Garderobe und die Statistengarderobe. Dabei ist die letzte zwar die größte, muß aber auch die meisten Schauspieler aufnehmen, etwa pro geplantem Platz drei bis vier. Die Solo-Garderobe ist keineswegs, wie ihr Name sagt, ein Raum, wo man solo ist, sondern nimmt die Solisten auf, im Schnitt zwei pro Platz. Die Stargarderoben differieren in ihrer Größe sehr, die größten nehmen Intendant und Direktor für sich in Anspruch. Hier rechnet man umgekehrt: Drei Sitzplätze für eine Person. In dieser Stellfläche ist der Platz für das Ruhesofa noch nicht eingerechnet. (Der Name „Ruhesofa“ besagt nicht, daß darauf unbedingt nur geruht wird!)

Garderobier

Der Blitzableiter für die schlechte Laune der Schauspieler, dabei gleichzeitig Beichtvater oder -mutter, Geheimnisträger Erster Klasse und oft Postillon d’amour, – alles Dinge, von denen sich ein zukünftiger Garderobier nichts träumen ließ, als er die Schneidermeisterprüfung ablegte, die Grundvoraussetzung für diesen Beruf. Manche der Schauspieler, die meinen, hoch über diesen Helfern zu stehen, könnten froh sein, wenn sie wenigstens diese abgeschlossene Ausbildung hätten. Leo Slezak, den eine innige Beziehung mit seinem Garderobier verband, hörte einmal dessen Worte beim An-

Gala-Vorstellung mit Goethe-Darstellungen lokaler Kulturfreunde

DER NAME DES DICHTERS: DARGESTELLT VON DER THEATERGRUPPE DES EMANZIPIERTEN DAMEN-EMANZIPATIONSCLUBS ZU BONN, BAD GODESBERG.

ERSTELLT VOM VEREIN »DIE SCHÖNE FEINSTRUMPFHOSE«. AUS ECHTEN FEINSTRUMPFHOSEN, KALTLEIM VERKLEBT. WETTERFEST, ALS GARTENOBJEKT GEEIGNET.

EINE FESTLICHE INSZENIERUNG DER RUDOLF-STEINER-TRUPPE »CALENDULA«, BASEL

Gebäudekomplex bei Bühnenbildnern

kleiden: „Meister, wir werden uns jetzt ein kleines Weilchen nicht sehen!" – „Wieso, gehst du in Urlaub?" fragte der wohlbeleibte Meister. „Nein, Herr Kammersänger", antwortete der Garderobier, „ich werde jetzt Herrn Kammersänger das Schwert umgürten!"

Gebäudekomplex

Die Sucht vieler Bühnenbildner, die Szene so vollzupacken, daß nicht ein halber Schauspieler auf die Bühne paßt. Anlaß: Eigendarstellungsmanie. Nicht wenige Bühnenbildner sind eigentlich keine Bühnenbildner, sondern von Hause aus Monumentalbildhauer, die nur aus freiem Auftragsmangel den Scheißjob übernommen haben und persönlich nie ins Theater gehen. Zweiter Anlaß für den Gebäudekomplex: sie wollen so schnell wie möglich den Jahresausstattungsetat verbrauchen, damit kein Geld mehr übrig ist, wenn einer dieser durch die Welt jettender Gastbühnenbildner landet und glaubt, großen Sums machen zu können.

Generalprobe

Auf dem Probenplan heißt es grundsätzlich: „Generalprobe wie Vorstellung". Wehe aber der Generalprobe, die so abläuft, wie die Vorstellung geplant ist, das brächte Unglück, – glaubt zumindest jeder am Theater. Dabei besteht dieses Unglück lediglich darin, daß nach einer gelungenen Generalprobe jeder glaubt, perfekt zu sein, und dann in der Premiere genau die Fehler macht, die eigentlich in der Generalprobe ausgemerzt werden sollten, – sehr zum Staunen des erlesenen Premierenpublikums.

Genie

Gewöhnlich der Schauspieler, dem man es am wenigsten ansieht, weil er es sich, in seiner Eigenschaft als Genie, leisten kann, bescheiden, freundlich und zurückhaltend aufzutreten und gute Manieren zu zeigen. Im Gegensatz dazu pflegt das „verkannte" Genie, das sich diesen Titel natürlich selbst gegeben hat, genau gegensätzlich zu verhalten.

Gewerkschaft

Doch, die gibt es sogar am Theater, sehr zum Entsetzen des Kultusministeriums, das da so ganz selbstlos meint, man dürfe Künstler doch nicht einfach in so ein Gewerkschaftskorsett hineinzwingen, schließlich habe man doch niemanden gezwungen, zum Theater zu gehen, und überhaupt, wo bleibt das künstlerische Niveau? Da stellt sich dem Theatermenschen die Gegenfrage: Auch Kinder werden nicht gezwungen, Kinder zu sein, ihre Arbeit aber ist auf ein vernünftiges Maß geregelt, – wovon jeder Regisseur ein Liedchen singen kann, der versucht, bei einer Theateraufführung Kinder einzusetzen. Die Kinder würden sich für jede Sekunde auf der Bühne alle Beine ausreißen, aber alle staatlichen Behörden stellen ihnen und ihrem Glück jedes greifbare Hindernis in den Weg.

Graue Eminenz

Gewissermaßen das Skelett im Schrank des Theaterdirektors, das Einfluß nimmt, weil es entweder tief in seinen Eingeweiden steckt oder der Direktor ihm gegenüber unterdrückte Schuldgefühle hegt. Gemeint ist damit aber niemals die Frau des Direktors, – die wäre eher eine „weiße“ Eminenz, denn von ihr weiß es ja doch jeder. Die graue Eminenz hat nicht das Sagen, sie glaubt es nur, weil der Direktor ihr im Detail folgt, in der Hauptsache aber nicht.

H

Hänger

Hier gemeint: das Hängenbleiben im Text. Die Souffleuse hat die Aufgabe, Hänger zu verhindern.

Halskrankheit

Neben dem Sänger der größte Feind des Schauspielers, – manchmal aber nur eine gute Ausrede, einer Probe fernzubleiben und stattdessen ins Synchronstudio zu eilen, wo die H. im Moment des Betretens urplötzlich restlos ausgeheilt ist.

Halskrankheit, die Bekämpfung derselben.

Hasenpfote

Wohl das älteste Theaterrequisit, das es gibt, zumindest, seit auf der Bühne hautenge Trikots getragen werden. Wer immer noch darauf hereinfällt, ist selber schuld.

Hebebühne

„Das Betreten der Hebebühne bei geöffnetem Gitter ist verboten!", steht an allen Hebebühnen angeschlagen. Dieses Verbot sollte für manche Schauspieler auch bei geschlossenem Gitter gelten.

Heroine

Rauschgiftsüchtige jugendliche Schauspielerin - könnte man meinen, wenn man manche dieser Damen mal näher betrachtet.

Hintergrund

1. Der Drahtzieher im Hintergrund, zum Beispiel der Produzent oder die graue Eminenz (manchmal auch die weiße!).
2. Der „kluge" Schauspieler zieht sich in den Hintergrund zurück, damit die Kollegen, die ihn ansprechen müssen, dem Publikum den Rücken zukehren.

Hotelportier

Ein wichtiges Phänomen des Theaters: Wenn der Produzent oder der Intendant händeringend ihrer Geliebten erklären müssen, daß es ihnen unter gar keinen Umständen möglich ist, auch nur noch eine einzige Theaterkarte zu besorgen, weil das Haus einfach auf Wochen toootaal ausverkauft ist, bekommt der Stammgast des Hotels immer, aber auch immer vom Portier noch eine Karte in Parkettmitte für den gleichen Abend. Große Forscher haben sich an der Aufklärung dieses geheimnisvollen Vorganges versucht, - sie mußten verzweifelt aufgeben. Es wird wohl nie geklärt werden können.

Huster

Ein bei allen Theaterleuten besonders beliebter Typ von Zuschauer. Huster haben eine ganz besonders gut ausgebildete Sensibilität für Pointen. Nähert sich eine solche, erleiden sie instinktiv einen Hustenanfall, der so anregend wirkt, daß sofort

Hasenpfote:
„Ach ja, wirklich, das war noch echtes Theater. Ein wunderbarer Schauspieler, dieser Herr Hase."

Hysteron-Proteron:
auf dem Theater, der Griechischen Tragödie entnommen

andere, sonst ganz harmlose und liebenswerte Mitglieder des Publikums angesteckt werden und zielsicher die nächste Pointe „verhusten“. Angeblich ist schon so manche Premiere allein deswegen total danebengegangen.

Hysteron - Proteron

Hat nichts mit dem Hylomorphismus, der Lehre vom Stoff, der durch die Form Wirklichkeit gewinnt, zu tun. Bezeichnet vielmehr die Redeweise, die etwas vorweg nimmt, das erst hätte gesagt und bewiesen werden müssen. Auf der Schautafel eine Szene aus „Heißer Freitag“.

I

Iffland-Ring

Dieser von August Wilhelm Iffland gestiftete Ring sollte vom jeweiligen Träger immer dem würdigsten Nachfolger vererbt werden, – oder vielmehr dem, den der vorhergehende Inhaber dafür hält. Lange Zeit rätselte man herum, wieso Josef Meinrad den Ring erbte. Eine Theorie ging dahin, daß Karl Kraus auf dem Sterbebett, diesbezüglich befragt, gesagt haben soll: „Mein Rat wäre ...“ (in diesem Moment verschied der große Meister). – Tatsächlich endete der Satz mit den Worten „... am besten geeignet!“, wie die Presseabteilung des Erben mitteilt.

Infantin von Spanien

Isabellfarbe: Bezeichnung für einen milchkaffeefarbenen Ton, bevorzugte Blusenfarbe von Theaterbesuchern aus der Volkshochschulszene. Benannt nach der spanischen Prinzessin Isabella, der Tochter Philipps II. Sie hatte gelobt, ihr Hemd nicht zu wechseln, bevor ihr Gatte, Herzog Albrecht von Österreich, Ostende, das er 1601 belagerte, erobert hatte. Die Belagerung währte bis 1604.

Intelligenz

Die zum Theaterspielen am wenigstens notwendige Eigenschaft. Vor allem bei männlichen Schauspielern wirkt sie sich oft störend, weil hemmend aus. Einige der größten Schau-

	spieler sollen von einer geradezu sprichwörtlichen Dummheit gewesen sein.
Intendanzsekretärin	Eine Art „Maginot-Linie", die nicht einmal nördlich oder südlich zu umgehen ist, also quasi uneinnehmbar.
Intrigant	Der Ränkeschmied. Eine der im Theater am häufigsten vertretenen Figuren. Beispielsweise soll das Berliner Kritikerplappermäulchen Friedrich Luft über Boy Gobert, den König der Schauspieler, geschrieben haben: „Als er ans Fenster trat, graute dem Morgen." Das ist nachweislich nicht nur unwahr, sondern auch genau umgekehrt.

J

Jessnertreppe	Fimmel des früheren Berliner Intendanten Leopold Jessner, taucht auch heute noch gelegentlich auf. Damals war's auf dem Theater der letzte Dernier-Cri-Schrei, nämlich fast alles auf dieser Treppe ablaufen zu lassen, die die Welt bedeutete. Ob der tote Gessler oder der tote Wallenstein diese Treppe herabrollten, war gleich, es war großartig, – genauso großartig wie die Beulen, welche sich die Darsteller dabei zuzogen.
Journaille	Bezeichnung für ehrbare Journalisten, wenn den Schauspielern die Kritik zu schlecht oder zu mager war oder die Kollegen besser abschneiden ließ.
Jubiläum	Firmenjubiläen sind nicht selten der Anlaß zu kulturellen Taten. Siehe Schautafel.
Jugendliche Naive	Ebenfalls eine Rollenbezeichnung; die entsprechende Schauspielerin sollte so aussehen, darf es aber um Gottes Willen nicht sein.

Jubiläum:

„Fünfundzwanzig Jahre engsten Umgangs und Erfahrung mit Papier dürften die Gründung eines Theaterverlags nicht überraschend erscheinen lassen.“

Jugendlicher Held

Altmodische Rollenfachbezeichnung für einen großen, gut gewachsenen und gut aussehenden jungen Schauspieler, es könnte sich auch um einen Naturburschen handeln. Im Privatleben entsprechen sie meist keiner dieser Vorstellungen.

K

Kabeljau, Hans-Kurt

Ungünstiger Name für einen Schauspieler. Hans-Kurt K. ließ sich deshalb von Oskar Fritz Halbschuh zum Regisseur ausbilden und wurde durch seine Denkschrift über die Kunst des Theaters bekannt.

Kaffeeholer

Gerechter Ausgleich der Natur: Wer die tiefste Stufe auf der Leiter einnimmt, wird zum Kaffeeholer – und damit zu einer wichtigen Persönlichkeit.

Kaffeepause

Höhepunkt jeder Theaterprobe, an welchem teilzunehmen jeder Schauspieler mehr Pflichteifer zeigt als bei der Probe. Vielleicht sollte man bei den Einspringproben (siehe dort!) kostenlos Kaffee und Kuchen reichen, dann wären auch diese besser besucht.

Kantine

Mittelpunkt jeden Theaters; nach Ansicht der meisten Schauspieler könnte ein Theater jederzeit auf die Bühne, niemals jedoch auf die Kantine verzichten. Während der Mangel an einer gemütlichen Kantine garantiert zu schwerstem Ärger mit der Gewerkschaft führen würde, könnte die Bühne aus den Theatern spurlos verschwinden, ohne daß von dieser Seite Probleme zu erwarten sind.

Kantinenkönig

Im Gegensatz zum Kantinenpächter keine Planstelle am Theater; dennoch ist dieser Posten stets besetzt. Der Kantinenkönig hat nebenher die Aufgabe, dem Regieassistent körper-

Kabeljau Hans-Kurt:
Die Kunst des Theaters als solche

	liche Bewegung zu verschaffen; er zeichnet sich aus durch überdurchschnittliches Sitzfleisch, einen extremen Mangel an Zeitgefühl und eine Bierruhe.
Kleiner „Hai“	Sprechübungsbuch sämtlicher deutscher Schauspielschulen, die etwas auf sich halten: Es wird die bühnenreife Aussprache sämtlicher Buchstaben bis zur völligen Verblödung geübt. Beispiel: „Trutzig trägt trotz träufelnder Tränen, trägem trumtrum trauter Trommeln treue Truppe trüb und trostarm, traun der Trennung, trauge Trübsal.“ Oder: „Stündlich stöhnt der störg'e Strolch, stemmt sich stramm zu starkem Sturz, stampfend stets in Strohbettstatt, stumpf gestützt auf stroh'ge struppig Streu, starr und staunend steht der Strenge, stumm bestürzt zum Sträfling starrend.“
Kochplatte	Runder Kreis auf dem Bühnenboden, nach ihrem Erfinder so benannt. Auf ihr wird schon lange nicht mehr so heiß gespielt, wie vor dreißig Jahren darauf ge„kocht“ wurde.
Kollege von der Sommerbühne	Wehe dem Schauspieler, der von seinen Kollegen so genannt wird, und seien sie auch selbst tatsächlich vom Sommertheater: Dies ist unter Kennern keine kollegiale Zuordnung, sondern eine unkollegiale Abwertung.
Konversationszimmer	Dieser Raum, der dazu dienen soll, sich in Ruhe zu unterhalten, ohne die Bühne zu stören, hieße viel besser „Hächelraum“, denn er dient in Wirklichkeit viel eher dazu, die Kollegen mal so richtig in Ruhe und ungestört durchzuhächeln.
Kostüme	Während die Verkleidungen der Schauspieler bei historischen Theaterstücken aus dem Theaterfond bezahlt werden, trägt der Schauspieler bei modernen Stücken seine eigenen Anzüge und Schlafanzughosen. Nur O.W. Fischer ließ sich das nicht

Kollege von der Sommerbühne.

Kritiker, nach den Vorstellungen eines Schauspielers

gefallen und alle Anzüge von den Theatern und Filmproduktionen bezahlen. Aus dieser Zeit besitzt er heute 700 Anzüge.

Kritiker, nach den Vorstellungen eines Schauspielers

Der „normale" Sadist wird Gefängnisaufseher, der intellektuelle wird Theater-Kritiker. Dabei ist die Arbeit eines Theater-Kritikers viel einfacher, als sich der kleine Max von der Straße das vorstellt. Er braucht für seine Arbeit nur wenige Requisiten: Eine Liste der Personen und ihrer Darsteller, ein Phonmeter und einen Schreibblock. Während des Stückes mißt er die Phonzahlen des jeweiligen Beifalls, bringt sie in Übereinstimmung mit den Schauspielern, und fertig ist die Kritik. Dabei kommt folgendes Grundgesetz zum Ansatz:
Starker Beifall für einzelne Schauspieler =
Fehlbesetzung
Starker Beifall für das Stück =
oberflächlich, Klamotte
Schwacher oder fehlender Beifall für einzelne Schauspieler =
hervorragende Leistung
Buhrufe am Ende des Stückes =
Tiefe ergreifende Aufführung
(nach dem Motto „Was dem Publikum gefällt, kann nur doof sein!").

Kulissenschieber

Kein Tanz, welcher zu getragener Musik Wange an Wange zwischen den Kulissen stattfindet, sondern ein ernsthafter Beruf, der darin besteht, zentnerschwere Ausrüstungsstücke lautlos in totaler Finsternis von einem Platz an den anderen zu befördern, während die Schauspieler sich ausruhen, es sei denn, sie haben einen Vertrag mit „Umbauverpflichtung", und die Zuschauer abhusten.

Kulturpolitik

Das Stiefkind der deutschen Politik: Da kein Politiker etwas von Kultur versteht, jeder sich aber für einen Kulturträger des

Kunstschmuckblatt, der herrlichen Ballettkunst der achtziger Jahre unseres wunderbaren Jahrhunderts gewidmet. Samt einer Beigabe unten rechts: Der junge Herbert von Karawahn dirigiert und trommelt Beethovens Neunte.

deutschen Volkes hält, darf er niemals zugeben, nichts zu verstehen, wenn es um Kultur geht. Da die deutschen Kultusminister ständig in der ständigen Konferenz der Kultusminister sitzen, haben sie sowieso keine Zeit, sich wenigstens nachträglich noch eine gewisse Restkultur zuzulegen.

Kummerbund	Vereinigung älterer Schauspieler, die der guten alten Zeit nachtrauern.
Kunst-Schmuckblatt	Siehe dort. Zum Herausreißen und Aufhängen.
Künstlerisches Betriebsbüro	Die Stelle eines Theaters, welche die Künstler, notfalls mit Gewalt, zur abendlichen Vorstellung herbeischleppen muß.

L

Labbrig ist der Labetrank

Wir labern mit Wagner:
Wahnfried (lauscht an einem selbsterfundenen Pantomikrophon, das er in den glühendflüssigen Tiefen der Erde versenkt hat. Plötzlich bricht er in brausenden Jubel aus).
Entdeckt! entdeckt! der Donner der Erde
Das Winseln des Weltalls ich kies' es zum Kosen.
Was im Wogen der Welt verwirbelt, verwickelt
Nur leise lispelt, ich hab' es erlauscht.
Aus dem Quarren und Quacken, dem Quiseln und Quängeln,
Aus dem Plärren und Plappern, dem Planschen und Plauschen,
Aus dem Rasseln und Reiben und Raunzen und Rollen,
Aus dem Pfaffen und Puffen und Peden und Poltern,
Aus dem Miauen und Maulen und Mucken und Murren
Wahrnehm' ich Wunderkind Weltenbewegung!
Ich höre der Erde hasten und Eilen,
Höre unendliche Harmonie!

Dauermelodie!
Ahasverus (dankbar herzutretend):
„Nur wenn was weset, was länger weilet,
Als mein lustloses Leben, so wird mir Erlösung."
Nichts währet lieber und weilet länger
Als, Wahnfried, dein wuchtiges Wundergeword'nes,
Deine dunkle Dauermelodie.

Lachkabinett

Bezeichnung für den Bundeskabinetts-Ausschuß „Mehr Kunst nach Bonn". Es wurde bereits entschieden, welche Künstler für ständig nach Bonn engagiert werden sollen, um den ausländischen Diplomaten und hochkarätigen Staatsbesuchern der Bundesrepublik ein überzeugendes Bild vom höchsten Niveau deutscher Schauspielkunst zu geben. Als Staatsschauspieler wurden berufen: Heidi Kabel, Dieter Hallervorden und Mike Krüger. Über sie konnte das Kabinett am herzhaftesten lachen. Gleichzeitig wurden drei moderne deutsche Maler mit Staatsaufträgen versehen, das kulturelle Leben in der Bundesmetropole zu schildern. (Maler heißt im Holländischen = Schilderer). Siehe auch unsere Bildtafel.

Lachwurzen

Ein bedauernswerter Mensch, der Zielscheibe jedes „wohlmeinenden" Kollegen wird. Da dieser nur sein eigenes Unvermögen überdecken will, bringt er die Lachwurzen dauernd an der falschen Stelle zum Lachen, womit er den Ärger des Regisseurs von sich ab und auf diesen lenkt.

Lampenfieber

Schauspielerseuche, befällt alle Theaterleute schlagartig beim dritten Läuten und ist durch Tabletten nicht zu beeinflussen. Das beste Mittel dagegen ist ein rasender Szenenapplaus.

„Leider gut"

Anerkennendes Wort an einen Kollegen, zu welchem sich durchzuringen viel Überwindung und Magenkrämpfe notwendig waren.

Lachkabinett:
Der Staat als Mäzen (Förderer der Künste)

Macht des Schicksals, Maßstabsfehler:
LOHENGRIN, 3. Aufzug, 1. Szene, Brautgemach mit reich geschmücktem Brautbett

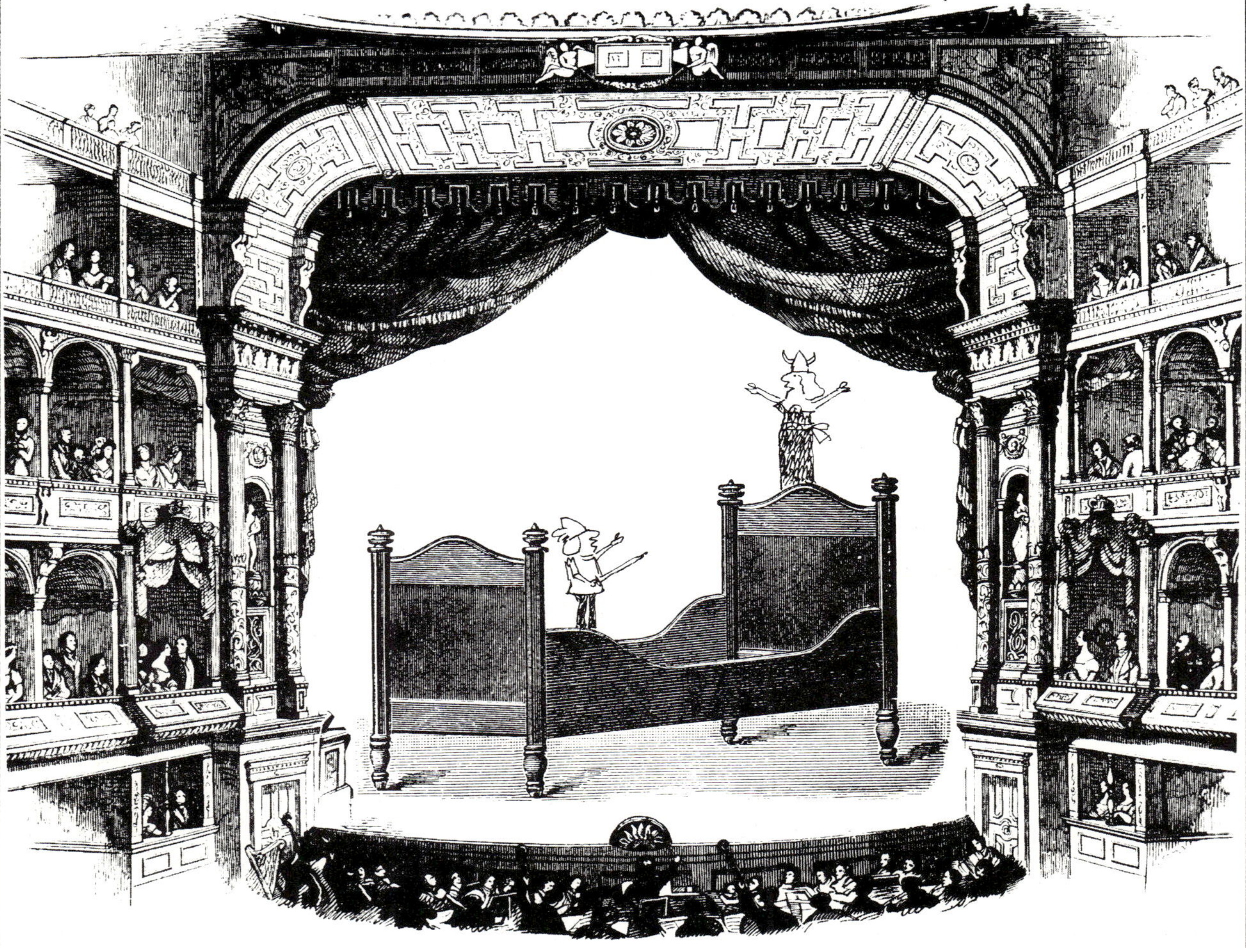

Leseprobe	Das einzige Mittel des Regisseurs, festzustellen, ob die Schauspieler überhaupt lesen können. Sollte das nämlich nicht der Fall sein, besteht überhaupt keine Aussicht darauf, daß die Darsteller jemals ihren Text auswendig können. Wenn sie nicht wenigstens zwanzig Prozent ihres Textes können, hat auch die beste Souffleuse keine Chance.
Logenschließer	Früher hatten sie eine wichtige gesellschaftspolitische Funktion, indem sie Liebesbotschaften überbrachten oder eifersüchtige Ehepartner von gewissen Logen fernhielten, was einen großen Teil ihrer Einnahmen ausmachte. Heute leben sie von ihrem Angestelltengehalt und haben lediglich dann eine Chance auf kleinere Zuwendungen, wenn das Programmheft einen krummen Preis hat und ihnen das Wechselgeld fehlt. Ihr Arbeitsbereich, die Loge, wurde von einem Chambre Separée zu einem besseren Sitzplatz degradiert.
Lustspiel, das, als solches	Seit dem erfolgreichen Ende der Emanzipation sind auf den Brettern endlich wieder heitere Lustspiele zu gewärtigen, welche dem Zuschauer die Lust am Spielen erneuern sollen.

M

Macht des Schicksals	Bühnenbildner träumen immer wieder den gleichen Alptraum: daß sie versehentlich auf ihren Werkzeichnungen den falschen Maßstab angegeben haben und die Dekorationen in den Werkstätten dann viel zu klein oder viel zu groß gebaut werden. Daß, beispielsweise, in „Schwanda, der Dudelsackpfeifer“ nur ein riesiges Stück Gartenzaun mit einer noch riesigeren Sonnenblume zu sehen ist und nicht, wie beabsichtigt, ein ganzer böhmischer Bauernhof. Merke: Der Schritt vom Erhabenen ins Lächerliche ist nur klein.

Marionetten-Theater	Theater mit lauter Ja-Sagern, an dem alle wie die Hunde kuschen, wenn der Intendant auch nur den Mund aufmacht.
Markierte Dekoration	Bei den ersten Proben werden die später aufgebauten Kulissen durch Kreidestriche auf dem Bühnenboden ersetzt. Meist stehen dann bei der ersten richtigen Probe - mit Deck und Bell (siehe dort!) - die Dekorationen genau verkehrt herum. Jeder technische Leiter würde unter diesen Umständen Stein und Bein schwören, daß alles richtig steht und vorher nur verkehrt herum probiert wurde.
Maske	1. Raum, in welchem die Hauptdarstellerin verjüngt und der Hauptdarsteller verschönt wird. 2. Praktikables Mittel für Schauspieler, sich so zu verändern, daß sie in Zivil bei Verlassen des Theaters von wütenden Eintrittskartenkäufern nicht erkannt werden.
Matinée	1. Beliebte Methode mancher Intendanten, Stücke auf der Bühne vorzuführen, die zu zeigen sie sich abends niemals trauen würden. 2. Gute Möglichkeit, Schauspieler, die sonst einen ganzen Sonntag vormittag frei hätten, von dummen Gedanken abzuhalten und etwas Geld in die Kasse zu bringen.
Metzgergeselle	Im Zuge der Gewerbefreiheit hat jeder, auch ein verkrachter Metzgergeselle, das freie Recht, sich Schauspiellehrer zu nennen, eine entsprechende Schule zu eröffnen, und damit die Möglichkeit, Gutgläubigen legal Geld aus der Tasche zu ziehen. Wehe aber dem verkrachten Schauspieler, der sich untersteht, Metzgergesellen ausbilden zu wollen - das darf er nämlich nicht!!
Miesmacherei	Anderer Ausdruck für ein vertrauliches Gespräch unter Kollegen.

Miesmacherei

Mime

1. Figur in Wagners „Ring".
2. Altmodische Bezeichnung für Schauspieler
3. Neumodische Bezeichnung für zu pathetische Schauspieler, die sich selbst für einen „großen Mimen" halten.
4. Seit jeher Bezeichnung für einen schrecklich übertreibenden Schauspieler, meist „Knatter-Mime" genannt.
   Einer der bekanntesten Knattermimen: Bernhard Minetti.

Monolog

Diskussion des Intendanten mit den Darstellern.

Mündel will Vormund sein

Wortloses Theaterstück von Peter Handke, das die Rolle des Vaters, Vormunds und Mannes auf der Bühne zum erstenmal schamlos herabwürdigt. Zuerst wirft das dreiste Mündel mit Kletten nach dem Vormund. Als es endlich was Gescheites lernen soll, nämlich in der Rübenschneidemaschine Rüben hacken, da müpft es auf und guillotiniert den bedauernswerten Vormund in der Rübenschneidemaschine.

N

Nass mich, ich niebe dich!

„Oh, Nohengrin, gib mir die Nakritze und sei nakonisch nicht. Vergib Enisabeth die Napanie, naß sie deinen Hans küssen." – Typischer Sprachfehler-Klamauk des germanischen Boulevard-Theaters aus Großmutters Zeiten („Pension Schönnermann" usw.). Die Neute nachen sich tot. Auch in der Naientheaterszene sehr beniebt.
Auf eine Gründgens-Platte (Faust I, II und III) kommen 29 (neunundzwanzig) solcher Jux-Sprachplatten in deutschen Haushalten.

Nebelmaschine

Geniales Gerät, das ursprünglich aus der hohen Politik stammt und dort gerade gegenwärtig ständig arbeitet (wg. Flick). Der geschickte Regisseur verwendet die Maschine, wenn eine

Mündel will Vormund sein

Auf vielfachen Wunsch zeigt unsere Schautafel noch einmal die Entwicklung des Mannes (und Vormunds) vom Anfang der Menschheit an.

Nibelungen-Verfilmung:
„Der Nachtisch war wunderbar, hoffentlich wird die Szene nochmal wiederholt.“

Premiere in die Hose geht und er das Schlimmste vor dem Publikum verdecken will.

Neuberin

Friederike Caroline Neuber, berühmte Theaterleiterin des 18. Jahrhunderts. Verbannte die Figur des Hans Wurst von der Bühne. Berühmter – und unbeliebter – wurde sie bei den verschiedensten Komikern, weil sie auch das Furzen von der Bühne verbannte. Manche sollen ihr das heute noch übel nehmen, wirkt es doch so natürlich.

Nibelungenhort

Richard Wagner:
„Ich bilde mir auf meinen Dichterberuf wahrlich nichts ein, und gestehe, daß ich nur aus Notdurft, weil mir keine guten Texte geboten wurden, dazu griff, mir diese selbst zu dichten. Jetzt aber würde es mir ganz unmöglich sein, ein fremdes Opernbuch zu komponieren, und zwar aus folgendem Grunde: Es ist bei mir nicht der Fall, daß ich irgend einen beliebigen Stoff wähle, ihn in Verse bringe und dann darüber nachdenke, wie ich auch eine passende Musik dazu machen wolle; – bei dieser Art des Verfahrens würde ich allerdings dem Übelstande ausgesetzt sein, mich zweimal begeistern zu sollen, was unmöglich ist. Die Art meiner Produktion ist aber anders: – zunächst kann mich kein Stoff anziehen, als nur ein solcher, der sich mir nicht nur in seiner dichterischen, sondern auch in seiner musikalischen Bedeutung zugleich darstellt. Ehe ich dann daran gehe, einen Vers zu machen, bin ich bereits in dem musikalischen Dufte meiner Schöpfung berauscht."

O

Oberspielleiter

Die höchste, während der Aufführungen auf der Bühne verwendbare Leiter, ihr Längenmaß ist versicherungstechnisch begründet.

Ödem und Operntod:
Der klassische, fünfzehnminütige Operntod durch Pfeil oder Schwert in C-Dur.

Ödem und Operntod

Mag Herr Regisseur Noelte auch in gewissen Kreisen durchaus geschätzt sein, seine Absicht, Wagners SIEGFRIED oder seine Braut BRÜNETTE auf offener Bühne an einem Ödem sterben zu lassen, statt im Blut des Schwertes, zeugt von großer Rücksichtslosigkeit. Wie soll der Zuschauer vom zweiten oder dritten Rang einen Ödem-Tod erleben bzw. die Wasseransammlung im Gewebe erkennen.
Ganz abgesehen davon, daß ein geschwollenes Bein nicht singen kann. Wir weigern uns, derart Unseriöses in unserem ernstzunehmenden Theater-Wörterbuch aufzunehmen.

Opernfeind Friedrich Nietzsche

Originalton: „Die Probleme, die Wagner auf die Bühne bringt – lauter Hysteriker-Probleme, das Konvulsivische seines Affektes, seine überreizte Sensibilität, sein Geschmack, der nach immer stärkerer Würze verlangt, seine Instabilität, die er zu Prinzipien verkleidete, seine Helden: eine Krankengalerie, ein Krankheitsbild, das keinen Zweifel läßt: Wagner ist ein Neurotiker. Er ist ein großer Verderber für die Musik. Er hat in ihr das Mittel erraten, müde Nerven zu reizen, er hat die Musik damit krank gemacht . . .“

Opernstoff

Von der Schwierigkeit, im gewachsenen deutschen Volksgut neue Opernstoffe zu finden.

Österreichisches Theater

Dient im wesentlichen zur Pflege des Deutschtums auf dem Theater, daneben aber auch der Pflege der Weltliteratur. Dort erfährt man zum erstenmal an der Aussprache der Darsteller, daß auch Shakespeare, Goethe und Molière eigentlich österreichischer Abstammung sind.

Ottomane

Altphilologin, die ihren Hausfreund zum Bleiben auffordert.

Parade-Rolle

P

Parade-Rolle	Wo nichts ist, fehlt was. Siehe unter Paraderolle.
Parasiten	Dem Intendanten sehr nahestehende Schauspieler, die auf jeden Intendantenwechsel mit einem fliegenden Darmwechsel reagieren.
Plakat	Plakate, die ein Theaterstück ankünden, sind immer ein Kampf zwischen Szylla und Charybdis, irgendeiner fühlt sich immer benachteiligt oder an der falschen Stelle aufs Plakat gesetzt.
Posse	Eine spezielle Art von Theaterstücken, wurde früher auf der Bühne und wird heute in der Politik aufgeführt. Während man jedoch früher über die Possen auf dem Theater noch lachen konnte, ist einem heute eher zum Weinen zu Mute, vor allem, wenn man an die Konsequenzen denkt.
Premiere	Erste offizielle öffentliche Vorstellung eines Theaterstückes. Dabei sind nicht nur die Schauspieler nervös, sondern vor allem auch die Premierenbesucher, denn in die Premiere geht man nicht, um zu sehen, sondern um gesehen zu werden. Jede Meinung wird erst zwei Tage später geäußert, wenn man nämlich alle greifbaren Kritiken gründlich durchstudiert hat.
Premierenfeier	Vorgesehen als gemütliches Beisammensein nach der Premiere; tatsächlich meist die trostloseste und langweiligste Veranstaltung des ganzen Monats, da jeder nur alles über sich selbst und keiner etwas über den anderen hören möchte.
Presse	1. Ort, wo Theaterstücke vorher groß angekündigt werden, um hinterher gründlich verrissen zu werden. 2. Kleines Provinztheater, in welchem jede Woche eine neue

Premiere „herausgepreßt" wird. (Die dann auch entsprechend aussieht.)

Q

Quasselstrippe

Muß keineswegs weiblich sein; redet ununterbrochen vor der Bühne, hinter der Bühne, auf der Bühne und in der Garderobe. Lediglich wenn sie ihren Text sagen soll, schweigt sie. Sobald die nun folgende peinliche Pause von den Kollegen mehr oder weniger geschickt vor dem Publikum verborgen wurde, quasselt sie, mit dem Rücken zum Auditorium, weiter.

Quelle

Quelle der Kraft: Goethe-Schmuckblatt Nr. 2.
Kommt beim Zuschauer während eines modernen Stückes Langeweile auf, sei eine Filet-Häkelarbeit empfohlen, wie links nebenstehend beschrieben.

Quiz

Quiz für Theaterfreunde.
1. Was antwortet Woglinde auf Wellgundes Frage:
„Woglinde, wachst du allein?"
Woglinde antwortet auf Wellgundes Frage:
„Mit Wellgunde wär ich zu zwei."
2. Wie lautet der vielzitierte Schüttelreim?
Nun? Gemeint ist der Schüttelreim, der entstand, nachdem Felix Mottl, Mitglied der Nibelungen-Kanzlei, als Hauptdirigent des TRISTAN tätig war:
„Heut' Abend dirigiert der Mottl den Tristan,
Schaut euch nicht von dem Trottel den Mist an.
Schafft euch lieber ein Drittel Most an,
Und trinkt euch mit dem Mittel Trost an!"
3. Aus welchem Stück von Wilhelm Tell stammt der Satz und wie muß er richtig lauten:

OBEN: DER DICHTERFÜRST JOHANN WOLFGANG VON GOETHE NAMENTLICH GESTALTET VON DEM AMERIKANISCHEN POPS-KUNSTLER ANDY WARHOL AUS LEEREN CAMBELL-SUPPENDOSEN. MITTE: DAS WORT „GOETHE" ERSTELLT VON DER KOSTÜMTANZGRUPPE GESCHIEDENER ZAHNARZTGATINNEN.

UNTEN: HULDIGUNG AN GOETHE AUS DEN MATERIALIEN EINES BEKANTEN BIG-MAC-HERSTELLERS. DIESE ANREGUNGEN MÖGEN DEN THEATERFREUND BEFLÜGELN, AUF EIGENE WEISE EIN ÄHNLICHES KUNSTWERK ZU ERRICHTEN. WER WÄHREND DER VORSTELLUNG IM THEATER DARAN WIRKEN WILL, DEM SEI ZU EINER

FILET-HÄKELARBEIT GERATEN. ABER GUT ACHTUNG BEIM BUCHSTABEN »G« WEGEN DER STARKEN KURVEN. WIR ARBEITEN MIT DER SPORTNADEL NR. 7 ÜBERWENDLICH GEGEN DEN SCHRITT, NEHMEN DREI MASCHEN AB, ZÄHLEN IM KOPF 12 MASCHEN HINZU, VERDOPPELN DIE FERSE UND PUNZEN DAS ÄRMELCHEN SCHLIESSLICH IN DEN ZWICKEL.

Raglan-Schnitt (Silhouettieren)

Ein wehmütiges Verslein
Goethes über die
Vergänglichkeit:

„Was über bleibt vom Schattenriß,
schaut oft nur aus wie Rattenschiß.“

„Durch diese kahle Hose muß er kommen, es führt kein anderer Weg nach Küstrin!“
Bravo. Sie haben neunundneunzig Punkte.

R

Raglan-Schnitt	Eine liebenswerte Mode der Goethezeit, daß sich vornehmlich Künstler von Louis Raglan silhouettieren ließen. Siehe Schautafel.
Rampenhure	Auch Rampenqualle genannt; Schauspieler beiderlei Geschlechtes, welche meinen, nur direkt an der Rampe stehend ihre volle Wirkung entfalten zu können, was in Zimmertheatern und Kammerspielen leicht die Notwendigkeit wasserfester Kleidung und eher eine starke Abneigung gegen diese Darsteller nach sich ziehen wird.
Rampenlicht	In diesem zu stehen ist wohl der geheime Wunsch eines jeden Menschen. Da so vielen Wünschen auf dem Theater allein nicht nachgekommen werden kann, haben sich praktisch denkende Menschen ausgesonnen, daß man durchaus auch außerhalb des Theaters in demselben stehen kann, wenn man sich der Rampenlichter im übertragenen Sinne bedient. So stehen manche Leute Tag und Nacht im Rampenlicht, wie Helmut Kohl, Franz Beckenbauer und Wim Wenders.
Rang	Die alte Regel: „Je höher der Rang, desto größer die Persönlichkeit“, trifft merkwürdigerweise überall zu, nur nicht auf dem Theater. Während die wirklich bedeutenden Menschen im Parkett Platz nehmen, finden sich im ersten und zweiten Rang, nach oben abnehmend, die weniger bedeutenden Zeitgenossen. Auf dem

Regenerationsfähigkeit,
insbesondere des Schauspielerauges:
Solch winzige Texte wie hier muß sich der Akteur auf der Hand notieren, wenn er sie aus Glutaminmangel nicht im Kopf behält.

obersten Rang dagegen finden sich nur noch die Inhaber der billigen Plätze, unbedeutende Typen wie Studenten, Arbeitslose und Intellektuelle, denen es noch nicht gelungen ist, der Umwelt lukrativ klarzumachen, wie wertvoll ihr Werk ist, – also die Leute, welche ins Theater gehen, um das Stück zu sehen und sich kritisch mit der Kultur auseinanderzusetzen, und nicht die, welche aus gesellschaftlichen Gründen ins Theater gehen.

Regenerationsfähigkeit des Schauspielers. Siehe Schautafel.

Regisseur Hilft mit beim Zustandekommen einer Theatervorführung, hält sich selbst wohl für die wichtigste Figur bei diesem Prozeß. Während jedoch ohne Autor und Schauspieler noch nie ein Theaterstück zur Aufführung gekommen ist, soll es schon ganz gute Inszenierungen ohne Regisseur gegeben haben. Daß dies reine Blasphemie ist, wird mir jeder Regisseur gerne bestätigen.

Reinhardt, Max Erfinder des Reinhardt-Syndroms, der Manie des langen Probens. Während Reinhardt selbst nur kurz probte, beruft sich jeder Regisseur, der ewig lange probt, auf Max Reinhardt. Da dieser jedoch nicht mehr lebt, kann er sich gegen solche Verunglimpfungen nicht mehr wehren, und wer traut sich schon, etwas gegen diesen berühmten Theatermann zu sagen.

Rolle Ursprünglich eine Turnübung, wurde dieser Begriff sehr bald für das Theater übernommen. Dies beginnt damit, daß es geradezu turnerischer Fähigkeiten bedurfte, eine gute Rolle zu bekommen, galt es doch, dem Intendanten erfolgreich irgendwo reinzukriechen.

Rollenspiel Verteilung bestimmter Funktionen innerhalb von Gruppen, zum Beispiel innerhalb der Familie, hat aber mit dem Theater nichts zu tun. So spielt in der Familie, wenn vorhanden, der Hund oder die Katze oder der Kanarienvogel die Hauptrolle, sonst die Kinder, die Mutter die Rolle der klassischen „Alten", der Vater die Rolle des „Harlekin" und die Schwiegermutter die Rolle des Ewigbösen. Das einzige, was dieses Rollenspiel mit dem Theater gemeinsam hat, ist die Tatsache, daß alle diese Menschen, wenn man sie privat und außerhalb ihrer Rolle kennenlernt, reizend, liebenswert und freundlich sind.

S

Schauspiel

Überbegriff für ein Bühnenstück, wird unterteilt in Untergruppen, welche den Sinn des dargestellten Stückes definieren, zum Beispiel Lustspiel, Trauerspiel, Tragödie, Persiflage und so weiter. Manchmal kann diese Einordnung auch nur subjektiv meßbar sein. So kann ein und dasselbe Stück für den Regisseur ein Lustspiel, für die Kritik ein Trauerspiel, für den Kulturreferenten eine Tragödie und für den Zuschauer eine Zumutung sein, – ein Vabanquespiel ist jede Neuinszenierung ohnehin.

Schauspielschule

Für den Laien ein geheimnisumwittertes Institut, an welchem Berühmtheiten produziert werden, für den Insider oft der Ort, wo der letzte Rest seines an sich angeborenen Talentes weggeschult wird. Für die Inhaber der Schauspielschulen, oft gealterte Schauspieler, denen es an den rechten Rollen zum Auskommen fehlt, ist Talent ein Brechmittel, das ohne weiteres durch Fleiß und Unterwürfigkeit ersetzt werden kann. Die Wände der Schauspielschulen schmücken Bilder des Inhabers in großen Rollen an kleinen Theatern und kleinen Rollen an großen Theatern. Im übrigen läßt sich über sie nichts Positives sagen.

Schauspiel:

„Nass mich, ich niebe dich.“ – „Aber bitte nicht hier, geniebte Enisabeth, meine Stereoannage ist so überempfindnich.“

Schlatten-Schammes
(Die rechte Hand des Intendanten)

Schlatten-Schammes	1. Spitzname für den 2. Mann im Theater, also den stellvertretenden Intendanten, den stellvertretenden Regisseur, den stellvertretenden Oberspielleiter: Geht etwas schief, trägt er die Schuld. Ist eine Inszenierung geglückt und wird von der Kritik aufs höchste gelobt, dann war's der Intendant, war's eine totale Pleite, so trägt der Schlatten-Schammes die Schuld. 2. Der Assistent des Schammes, des Küsters der Synagoge; seine Hauptaufgabe besteht darin, nach der Beschneidung die Reste wegzutragen.
Souffleuse	Auf die Frage, ob das andauernde Einsagen der Souffleuse ihn nicht störe, antwortete ein früherer Burgtheater-Star: „Stört den Kapitän auf der Brücke das Brummen der Schiffsschraube?“
Sprechtechnik	Das Haupt- und Grundhandwerk jedes Schauspielers, was klar besagt: Schauspielern ist kein Handwerk, es ist ein Mundwerk.
Sprinkleranlage	Über der Bühne eingebaute vollautomatische Dusche.
Staatstheater	Fernseh-Direkt-Live-Übertragung aus dem deutschen Bundeshaus in Bonn.
Stadttheater	Sozusagen das „Staatstheater“ auf Regionalebene: Statt Fernsehen die Sendung für den Autofahrer, statt Bundeskanzler Bürgermeister und statt großen Diäten eine kleine Kantine.
Star	1. Singvogel 2. Augenkrankheit 3. Schauspieler, der von der „Frau am Wochenende“ nur für ein blödes Grinsen 10 000 Mark Gage, für detaillierte Berichte über seine Potenzlage gar 100 000 Mark bekommt.

Subventionstheater

Statist	Die Zahl der Statisten ist ein Maßstab für die Qualität des Darstellers: Je mehr sie im Gefolge haben, für desto bedeutender halten sie sich.
Statistenführer	Da die Regisseure das geistige Niveau der Statisten noch weit unter dem der Schauspieler ansiedeln – soweit das überhaupt möglich ist –, engagieren sie einen Oberstatisten, der diese aus der Garderobe auf die Bühne an die richtige Stelle führen soll.
Strichprobe	1. Der – sinnlose – Versuch, besoffen einen Strich entlang zu laufen. (Regen Sie sich nicht auf, der Führerschein ist doch sowieso weg, dafür langt's allemal!). 2. Proben mit einer Schauspielerin, die auf der Bühne ein leichtes Mädchen darzustellen hat. 3. Nicht existente Probe – dabei im Sinne des Publikums sehr wünschenswert –, bei welcher ein Stück nach der Probe wegen absoluter Blödheit oder Inhaltlosigkeit vom Programm gestrichen wird. Ihre Einführung könnte die Wiedergeburt des Theaters bedeuten.
Subventions-Theater	Dort ist alles erlaubt, was sich ein Privattheater versagen muß.

T

Talent	Die seltene, aber einzig wichtige Voraussetzung für jeden Beruf, nicht nur beim Theater. Talent ist so vielen Menschen ein Dorn im Auge, weil es nicht erlernbar ist. Dennoch sollte auch der Talentierteste stets daran denken, daß Genie zu einem Prozent aus Inspiration und zu 99 Prozent aus Transpiration besteht.
Tantiemen	Die Entlohnung der Autoren hat viel mit einem Fernglas gemeinsam: Sie ändert sich je nach der Betrachtungsrichtung.

Aus der Sicht des Theaterverwalters sind Tantiemen stets riesig, aus der Sicht des Autors klitzeklein.

Tarifvertrag

Eine dieser ekelhaften Erscheinungen der Neuzeit, die es erst seit Erfindung der Gewerkschaften gibt. Wie man als Künstler, der doch erhaben über allem Weltlichen stehen sollte, so profane Dinge wie einen Tarifvertrag überhaupt ins Auge fassen kann, wird kein Intendant jemals begreifen. (Geschweige denn der Kulturreferent, und sei er ein linker Sozi).

Tempo

Was für die Autobahnen dringend gefordert wird, ist auf Bühnen schon lange zu Hause, – das Tempolimit. Und das aus mehreren Gründen.

Zum einen helfen lange Sprechpausen dem Schauspieler, über das Stichwort und den danach von ihm geforderten Text nachzudenken, zum anderen hat er nun in Ruhe Gelegenheit, der Souffleuse zu lauschen, zum dritten wird kein Zuschauer geistig überfordert, und viertens kann der geschickte Langsamsprecher so aus seiner kurzen Nebenrolle ein längeres Verweilen auf der Bühne zusammendrexeln, wenn es auch mit dem Sinn und Inhalt des Stückes nichts zu tun hat.

Textlernen

Die beste Ausrede des Schauspielers, einen Besuch bei der Schwiegermutter oder anderen „lieben" Verwandten zu verschieben oder ganz zu vermeiden.

Theaterkarte

Beliebtes Zahlungsmittel sonst mittelloser Schauspieler, zum Beispiel um ein Strafmandat zu vermeiden, den Hauswirt zu vertrösten, den Kredit in der Pilsbar zu verlängern oder aber auch probates Mittel, das persönliche Ansehen in der Familie zu fördern. Kommt Verwandtschaft von auswärts zu Besuch, versorgt man sie mit Freikarten und geht derweil mit der Frau gemütlich zum Essen.

Tarifvertrag:

„Da kannst du mal sehen, diese Schauspieler – alle in den Klauen des chinesischen Kommunismus."

Theaterkenner

Harmlos, solange er im Parkett sitzt; wird aber zum Brechmittel, wenn er außerhalb des Theaters einem Theatermann begegnet. Er erklärt diesem nämlich dann ganz ausführlich, wie er es hätte besser machen können. (Theaterkenner haben übrigens viele Gemeinsamkeiten mit Theaterkritikern!!).

Theaterkrise

Siehe unter Theaterkrise (Cartoon).

Theatertod

1. Tod auf der Bühne; sehr schwierig darzustellen, wenn danach die Szene noch ein wenig weitergeht:
   Auf dem Theater wimmelt es immer von Staub, und wenn so eine Leiche plötzlich anfängt, zu nießen, geht schon einmal leicht die Tragik flöten.
2. modernes Theater.

Theaterverleger

Architekt, Fachmann für den Ab-, Um- und Wiederaufbau von Theatern, die aus verkehrstechnischen Gründen (oder aus Parkplatzmangel) in die Vororte verlegt werden sollen.

Tiere

siehe unter „Kinder"!

Tonmeister

Töpfer mit Meisterprüfung.

U

Überangebot

Hätten die Kirchen Privattheaterstatus, wären die meisten längst pleite. Wegen der ausgesprochen mies spielenden Pastoren. Selbst vom schlechtesten Schauspieler kann man verlangen, daß er wenigstens an seine Rolle glaubt und an das, was er spielt. Wenigstens während der Vorstellung.
Und dann: genügt es nicht, daß die Theater dem Publikum ständig quälende und jede Freude zersetzende Stücke unterjubeln? Wenn die Kirchen einen heiteren, der Entspannung

Theaterkrise:
„Es wird Sommer, Louise, die Regisseure fliegen wieder."

und dem Fröhlichsein dienenden Spielplan hätten, zusammen mit einer netten nicht überteuerten Bierbar im Foyer, könnten die larmoianten Staatstheater den Laden zu machen.
Wer zum seelischen Gleichgewicht Trübsinn braucht, kann sich im Theater immer damit auffüllen.

Unkollegial Originalton Placido Domingo: „Darüber müssen Sie mit Frau Sutherland sprechen. Ich denke nicht an Erotik, während ich singe. Ich denke an Liebe. Ich liebkose das Publikum mit meiner Stimme. Ich gebe Zärtlichkeit. Natürlich ist es ein Unterschied, ob ich mit Monserrat Caballé auf der Bühne stehe, die zwar ein wunderschönes Gesicht hat, aber einen Körper wie eine Tonne. Aber wir wissen ja: Leere Tonnen geben großen Schall. Und so ist auch die Musik eine Kunst, die aus Ton gemacht wird."

Urheberrecht Das größte Hindernis für einen guten, leider aber lebenden und daher zu entlohnenden Theaterautor, berühmt zu werden und viel Geld zu verdienen.

V

Versprecher Ungewollte Komik durch ungewollte Entstellung des vorgeschriebenen Textes. Einer der berühmtesten Versprecher gelang einer Schauspielerin an der Burg, als sie sagen wollte: „Er hat einen sitzen, daß er nicht mehr stehen kann!", und statt dessen laut und deutlich das Gegenteil sagte.

Vertrag Vereinbarung zwischen Intendant und Schauspieler, welche auf keinen Fall bedeutet, daß die beiden sich vertragen müssen.

Viel Lärm um nichts Der so wahnsinnig fortschrittliche Opernregisseur zu Berlin, Herr Götz Friedrich, hat seinen in der Operngeschichte Furore

Überangebot auf dem Theatersektor:
„Einige unter euch Brüdern und Schwestern aber scheinen überhaupt nicht Buße tun zu wollen.“

Viel Lärm um nichts

machenden unendlich kühnen Inszenierungen eine weitere hinzugesellt, die gerade in Bayreuth herausgekommen ist: Die GÖTTERDÄMMERUNG. Oder DAS RHEINGOLD. Jedenfalls eine von beiden. Hier läßt er, wie unser Szenenbild (links) zeigt, Peter Hofmann in der Rolle des Siegfried vor den Rheintöchtern eine Fahrradnummer abziehen, die nicht nur von der Zweiradindustrie mit lebhaftem Interesse begrüßt wurde, sondern auch das Gesamtwerk des großen Musikers in einem ganz neuen Licht erscheinen läßt. In der Premierenpause sah man Götz Friedrich in Verhandlungen mit Beate Uhse aus Flensburg an der Förde.

Götz Friedrich hatte seinerzeit als erster Mann des neuen Theaters die Königin der Nacht in Mozarts ZAUBERFLÖTE nicht, wie bis dahin üblich, von einem hinteren Balkon – sondern von vorn, vom Souffleurkasten aus auftreten lassen, was weltweite Bewunderung fand. Generalindendant August Everding von der Bayerischen Staatsoper ahmte dies sofort nach, mußte sich aber von der an sich immer wohlwollenden Kritik sagen lassen, daß die Königin der Nacht nichts in RIGOLETTO (von Verdi) zu suchen habe.

Vokabular, ordinäres

Im Hinblick auf den Umgang mit armen, aber gebildeten Theaterbesuchern hat die Bundesbahn wohl noch einiges hinzuzulernen.

Da schmückt sie ihre Züge mit Namen wie „Meistersinger“ und „Rheingold“, aber innendrin auf den Klos sieht es aus wie im Schweinestall. „Meisterstinker“ und „Rheindreck“ wäre wohl angemessener.

Vornehmheit

des Künstlers. Originalton Placido Domingo: „Die Zeitungen berichten manchmal etwas irreführend. Denn wenn man liest, Domingo kassiert 25 000 DM für einen einzigen Auftritt, denken die Leute, das verdient er netto und an jedem Abend, also 25 000 Mark mal 365 Tage im Jahr. Mein Gott, die Wahr-

Wunder, auf dem Theater

heit ist, daß ich höchstens 160mal im Jahr soviel bekomme. Und nicht zu vergessen: den LOHENGRIN habe ich einmal in Hamburg für nur 800 Mark gesungen. Und die Schallplatten, die bringen doch gar nichts, ich bin ja kein Otto Waalkes. Und wenn Sie mich fragen: Ich wiege 55 Kilo, aber wenn ich wütend bin, das Doppelte. Sicher gibt es auch dumme Tenöre, die weniger nehmen. Es gibt aber auch dumme Baritone. Allerdings ist ein Tenor, der dumm ist, dies in besonderem Maße. Denn auf der Bühne ist er meist der Held, und wenn er nicht genug Klugheit besitzt, diese Rolle von seinem privaten Ego zu trennen, dann hält er sich auch im Leben für einen Helden . . ."

W

Wagner	Es soll Leute geben, die Wagner für einen Musiker halten, aber so ist es eben, wenn man in einer Demokratie lebt.
Warten	Hauptbeschäftigung aller Theaterleute und Theaterfans: Die Beteiligten warten auf ihren Auftritt, auf das Fallen des Vorhanges und auf das Ende des Stückes, später auf ihre Gage; die Zuschauer warten auf den Beginn des Stückes, auf die Klingel zum Ende der Pause und am Bühnenausgang auf ihren Lieblingsschauspieler.
Waschbecken	Es gibt zwei Sorten von Schauspielern: Solche, die ins Waschbecken pinkeln, und solche, die es zugeben.
Windmaschine	Schauspieler, der anfängt, sofort irrsinnig Wind zu machen, sobald er bemerkt, daß sich mehr als seine eigenen zwei Augen und Ohren in seiner unmittelbaren Nähe befinden.
Wunder	Auf dem Theater. Siehe Cartoon.

Wurzen

Fachausdruck für die unbeliebteren Rollen eines Stückes; Schauspieler unterscheiden Riesen-, Wimmel- und Scheißwurzen, wobei die schlimmste Rolle natürlich immer die ist, welche man gerade spielen muß. (Aber wehe, man hat in dem Stück überhaupt keine Rolle bekommen!!!).

Wutausbruch

Wutausbruch über Wiener Staatsoper-Inszenierung:
Sollte es ihm – nach dem Motto „Rache ist Blutwurst" – mit Verdis „Aida" doch noch gelingen, die Wiener zu Jubelstürmen hinzureißen, seinen Abgang zu glorifizieren?
Maazels Waterloo. Maazel ist hilflos untergegangen, gescheitert an seinem eigenen schlechten szenischen Geschmack.
Die Schwachsinnigkeiten dieses „Aida"-Arrangements nachzuerzählen, verbieten fast Anstand und Nächstenliebe.
Aida sank in ihrer Verzweiflung ständig an irgendeiner Mauer in sich zusammen und rang die Hände, Amneris lief dafür wie ein aufgescheuchtes Huhn permanent über die Bühne, Radames wiederum stand wie ein Fels in der Brandung und rührte sich kaum vom Fleck, Oberpriester marschierten in seltsam verschlungenen Pfaden vor sich her.
... und am Ende wurde das Liebespaar mit Hilfe eines blauen Vorhangs, der sich von der Seite weich über die ganze Bühne schob, eingemauert. „Aha, das Hungertuch", unkte einer – ich hielt es eher für den Mantel des Vergessens, den man gnädig über dieses Fiasko breitete.
Den ganzen aufgestauten Unmut des teils kichernden, teils stöhnenden Publikums bekam natürlich Maazel zu spüren, der als Direktor für das Engagement des jungen französischen Nicht-Regisseurs verantwortlich zeichnet. Sichtlich getroffen und irritiert von dem gnadenlosen Gebuhe, das ihn ab seinem zweiten Auftreten empfing, fand Maazel auch als Dirigent nicht zu seiner gewohnten Form. Dem rüden Gebuhe am Schluß antwortete Maazel mit unschönen, eindeutigen Gesten

Wutausbruch über Aida-Inszenierung:
Siehe unter Wutausbruch

Xagenhaft. Intendant prüft eine neue Operetten-Subrette persönlich.

ins Publikum. Wer vor dem Vorhang, selbst in schwieriger Situation, so die Nerven verliert, besitzt sie wohl auch beim Dirigieren nicht mehr.

X

Xagenhaft

Xagenhaft, wie beklagenswert liederlich die Presse über die Opernwelt der heutigen Jetztzeit berichtet:
Wird Thomas Herdon die Partie der Gräfin in der Eröffnungspremiere von ARABELLA singen? Wird er gleichzeitig mit Hanna Schwarz, die unter Georg Solti an der Genfer Oper die Marzelline in Fidelios BEETHOVEN geben wird, (wenn sie den Gurnemanz an der Metropolitan-Opera auf Pfingsten verschieben kann, um die Proben mit Eva Marton und die Titelpartie in MANON LESCAUT an der Mailänder Scala aufzunehmen), wird Thomas Herdon mit ihr dann noch rechtzeitig den Ochs in Bellilis NORMA in Seattle auf die Bretter bringen? Muß nicht Grace Bumbry als Abigal in Verdis NABUCCO bei den Maggio Musicale Florentino unter der musikalischen Leitung von Zubin Mehta, der vorher viermal LADY MACBETH in Wuppertal und siebenmal DIE SIZILIANISCHE VESPER dirigiert, termingerecht den BARBIER VON SEVILLA in Sevilla inszenieren, den ihr Christa Ludwig und dann Margaret Price sowie schon einmal Sherrill Milnes (die Zerbina in FRAU OHNE SCHATTEN) weggeschnappt hatten?
Hat sich Hermann Prey schon mit zehn Gastspielen als Zombo in Verdis LA TRAVIATA in Chicago übernommen? Grapscht sich Giacomo Aragall vor ihm die Vorstellungsserie im TROUBADUR als Lucia di Lammermoor? Und nimmt er auch noch in Lübeck dem Nicolai Gedda den Nemorino und den Soloabend mit Liedern von Brahms (innerhalb der Neueinstudie-

rung von DON GIOVANNI) weg? Himmelarschundzwirn, wenn das nur alles gut geht, verehrte Opernfreunde!

Y

Yeti

Siehe auch Schautafel. Trotz dieser Vorurteile schöpfen Theaterkünstler aus dem vollen Leben. Die nachfolgende Szene aus der bevorstehenden Dramatisierung des herrlichen Romans von Michael Burk, den ebensogut Peter Konsalik geschrieben haben könnte, diese kleine Kostprobe:
„. . . ‚Vera! Liebling!‘ Ungestüm faßte er sie um die Hüfte und drückte sie heiß an sich: ‚Heißt das, daß du . . .?‘ – ‚Ja‘, sagte sie leise und schmiegte sich an ihn. – ‚Du bleibst? Für immer?‘ Er schrie es hinaus, sprang auf, packte sie mit beiden Händen um die Taille, stemmte sie vor Übermut in die Luft . . . Er warf sich über sie . . . rief immer wieder: ‚Du bleibst! Du bleibst!‘ und sie: ‚Ja! Ja! Ja!‘ Sie küßten einander, wohin sie trafen, und endlich lagen ihre Lippen aufeinander, und es schien ihr, als ertrinke sie in seiner Liebkosung. Als sie voneinander ließen, hatten sie sich völlig verausgabt . . . ‚Ich habe zwei Koffer . . . Mein Scheckbuch für ein Konto von genau achttausenddreihundertneun Mark. Und ich habe dich!‘ – ‚Und ich habe dich . . . Wir haben noch etwas. Etwas Wertvolles. Unsere Einstellung zum Leben.‘
Er gab ihr einen zärtlichen Kuß aufs Ohr: ‚Ich glaube.‘ Kuß. ‚An die.‘ Kuß. ‚Unvergängliche.‘ Kuß. ‚Liebe!‘ Sie tat es ihm gleich und gab ihm ebenfalls Küsse aufs Ohr: ‚Und ich.‘ Kuß. ‚Glaube.‘ Kuß. ‚An.‘ Kuß. ‚Dich!‘ – Sie sahen sich tief und anhaltend in die Augen . . .“

Z

Zuschauer

siehe Rückseitentext.

Yeti, hypothetischer Schneemensch,
herabsetzende Bezeichnung für Theatermenschen, um ihre Weltferne anzudeuten. Im Gegensatz dazu üben Theaterleute unter sich die größte Hochachtung und Wertschätzung.

Zwiederwurzen	Unangenehmer, humorloser Kollege – meist der 1. Komiker.
Zwischenakt	Kleine zwischenmenschliche Begegnung der beiden Hauptdarsteller zwischen dem 1. und 2. Akt.

Printed in Italy.
ISBN 3-8231-0104-8